Read to Me Bible Stories
Léeme historias de la biblia

Standard® PUBLISHING

Cincinnati, Ohio

Published by Standard Publishing, Cincinnati, Ohio
www.standardpub.com

Printed in: China
Project editor: Lu Ann Nickelson
Illustrator: Len Ebert
Cover and interior design: Andrew Quach

ISBN 978-0-7847-3574-9

Library of Congress Cataloging-in-Publication Data

Read to me Bible stories = Léeme historias de la Biblia.
     p. cm.
  English and Spanish.
  ISBN 978-0-7847-3574-9
1. Bible stories, English. 2. Bible stories, Spanish. I. Standard Publishing Company (Cincinnati, Ohio) II. Title: Léeme historias de la Biblia.
  BS551.3.R425 2012
  220.9'505--dc23
                    2012011209

17 16 15 14 13 12   1 2 3 4 5 6 7 8 9

Contents

God Made a World for People

The world was dark. There was nothing in it—except God. And then God began to make a world. On day one God made light. Next, God made the sky. Sky blue, day two.

God looked and saw lots of water. "Let there be dry ground," God said. God planted the ground with tall trees, lots of flowers, and plants everywhere. He used light greens, dark greens, striped greens, and polka-dot greens. On day three, God made plants with lots of colors!

God knew the plants needed sunshine. So on day four God made the bright yellow sun to light the daytime. He made the white moon and stars to shine at night. God's colors were beginning to appear everywhere. Thank You, God.

On day five God filled the sky and waters with more colors and shapes. God made beautiful birds to fly above the earth. He made swimming creatures that live in the seas.

God started day six by making animals. Big ones. Small ones. Brown ones. Black ones. Animals with stripes and dots. Monkeys and mice. Lions and puppy dogs. God looked at all He made. "It is good," God said. God made the world.

Dios creó un mundo para la gente

Historia bíblica tomada de Génesis 1:1-25

El mundo estaba oscuro. No había nada a excepción de Dios. Entonces Dios empezó a crear el mundo. En el primer día Dios creó la luz. Luego Dios creó el cielo. Cielo azul, segundo día.

Dios miró y vio mucha agua. "Que haya terreno seco", dijo Dios. Dios plantó en la tierra altos árboles, muchas flores, y plantas por dondequiera. Él usó verde claro, verde oscuro, verdes rayado, y verde lunar. ¡En el tercer día, Dios creó las plantas con muchos colores!

Dios sabía que las plantas necesitaban luz solar. Así es que en el cuarto día Dios creó el sol amarillo y brillante para alumbrar el día. Él creó la blanca luna y estrellas que brillan en la noche. Los colores de Dios comenzaron a aparecer por todos lados. Gracias, Dios.

En el quinto día Dios llenó el cielo y las aguas con más colores y formas. Dios creó hermosos pájaros para que volaran sobre la tierra. Creó criaturas que nadan y que viven en los mares.

Dios empezó el sexto día creando animales. Grandes. Pequeños. Marrones. Negros. Animales con rayas y puntos. Monos y ratones. Leones y perritos. Dios miró todo lo que había creado. "Es bueno", dijo Dios. Dios creó el mundo.

Noah Builds a Boat

Bible story from Genesis 6:9–7:16

The Bible tells us that God made the world and put people on the earth. After a time, many people did bad things. But one man did what was right. His name was Noah. Noah knew God wants people to obey Him.

God told Noah that He was going to destroy the earth and the people. But God was going to save Noah and his family. Noah had a wife and three sons. Each son had a wife. That made eight people in Noah's family.

God gave Noah directions to build an ark. The ark was a great big boat. God told Noah exactly how to make the boat. Then God brought to Noah two of every kind of animal and bird to take into the ark. The animals and birds would be safe in the boat with Noah and his family.

God also told Noah to take food and put it into the ark. The food would take care of Noah, his family, and all the animals. This must have been a big job! But Noah obeyed God. After Noah and his family and the animals were safe on the boat, God closed the door. God took care of Noah because Noah obeyed God.

Noé construye un barco

Historia bíblica tomada de Génesis 6:9–7:16

La Biblia nos dice que Dios creó el mundo y puso gente en la tierra. Después de un tiempo, mucha gente hizo cosas malas. Pero un hombre hizo lo correcto. Se llamaba Noé. Noé sabía que Dios quería que la gente lo obedeciera.

Dios le dijo a Noé que iba a destruir la tierra y a la gente que vivía en ella. Pero Dios iba a salvar a Noé y a su familia. Noé tenía una esposa y tres hijos. Cada hijo tenía una esposa. Por tanto la familia de Noé consistía de ocho miembros.

Dios le dio instrucciones a Noé para que construyera un arca. El arca era un barco muy grande. Dios le dijo a Noé exactamente cómo construir el barco. Luego Dios le dijo a Noé que tomara una pareja de cada especie de animal y ave y los metiera en el arca. Los animales y las aves estarían seguros en el barco junto a Noé y su familia.

Dios también le dijo a Noé que tomara alimentos y los metiera en el arca. Los alimentos sostendrían a Noé, su familia y a todos los animales. ¡Esto debió haber sido tremendo trabajo! Sin embargo, Noé obedeció a Dios. Después que Noé, su familia y los animales estuvieron seguros en el barco, Dios cerró la puerta. Dios protegió a Noé porque lo obedeció.

Abram Moves

The Bible tells us that God told a man named Abram to leave his home. God said, "Go to the land I will show you." Abram loved God, so he did what God said. He would go to the place where God said to go.

Abram and his wife Sarai packed up all their belongings. They took their animals. They took all the people who helped them take care of the animals. Abram's nephew Lot went with them too.

The place where Abram and his family were going was far away. They had to set up tents and camp along the way. When they stopped, they worshiped God. They remembered to thank God for His care.

God made some important promises to Abram. God told Abram that he would be blessed. God said He would make a great nation. God even told Abram that all the people on earth would be blessed through him. Abram probably didn't understand everything God said, but Abram obeyed God. Abram loved God and followed wherever God said to go.

Abram se muda

Historia bíblica tomada de Génesis 12:1-9

La Biblia nos dice que Dios le dijo a un hombre llamado Abram que se fuera de su hogar. Dios dijo: "Vete a la tierra que te mostraré." Abram amaba tanto a Dios, que obedecía lo que Dios le dijera. Él iba al lugar que Dios le dijera que fuera.

Abram y su esposa Saray empacaron sus pertenencias. Se llevaron sus animales. Se llevaron a toda la gente que los ayudaba a cuidar de los animales. El sobrino de Abram Lot también se fue con ellos.

El lugar a donde iban Abram y su familia era muy lejos. Tuvieron que montar tiendas de campaña para acampar en el camino. Cuando se detenían, adoraban a Dios. Se acordaban de agradecerle a Dios por su protección.

Dios le hizo unas importantes promesas a Abram. Dios le dijo que sería bendecido. Le dijo que haría de él una gran nación. Dios hasta le dijo a Abram que por medio de él sería bendecida toda la gente de la tierra. Abram probablemente no entendió todo lo que Dios dijo, pero Abram obedeció a Dios. Abram amaba a Dios y obedecía lo que dijera.

Joseph Serves God All His Life

Bible story from Genesis 39:2-6; 41; 42:1-5; 45:4-15; 47:11, 12

Joseph had been taken to live in Egypt. In Egypt, Joseph first worked for an officer to the king of Egypt. The officer liked Joseph. He put Joseph in charge of everything he owned.

God was with Joseph while he was in Egypt. One day the king of Egypt called for Joseph. The king had been having strange dreams. He wanted Joseph to tell him what the dreams meant. With God's help, Joseph told the king that the dreams meant a time was coming when crops would not grow. Joseph told the king that he should store up grain for that time.

"You can be in charge of my palace," said the king. "Then we will have food when it no longer rains." So Joseph helped the people in Egypt gather and store grain.

One day Joseph's brothers came to Egypt to buy food. At first, they did not know Joseph. Joseph told them who he was. "I am not mad at you," Joseph said. "God sent me here to help others." Soon Joseph's family came to live in Egypt. They had all the food they needed. Joseph knew that God wants us to serve Him by helping others.

José sirvió a Dios toda su vida

Historia bíblica tomada de Génesis 39:2-6; 41; 42:1-5, 45:4-15; 47:11, 12

José fue llevado a vivir a Egipto. En Egipto, José primero trabajó para un oficial del rey de Egipto. Al oficial le caía bien José. Lo puso a cargo de todo lo que poseía.

Dios estuvo con José mientras vivió en Egipto. Un día el rey de Egipto llamó a José. El rey había estado teniendo sueños muy raros. Él quería que José le dijera qué significaban esos sueños. Con la ayuda de Dios, José le dijo al rey que sus sueños significaban que se acercaba un tiempo en que no habría cosecha. José le dijo al rey que él almacenara encima del grano por ese tiempo.

"Puedes encargarte de mi palacio," le dijo el rey. "Así tendremos alimentos aun cuando no llueva." De manera que José ayudó al pueblo egipcio a reunir y almacenar granos.

Un día los hermanos de José fueron a Egipto a comprar comida. Al principio no reconocieron a José. José les dijo quién era. "No estoy enojado con ustedes," les dijo. "Dios me envió aquí para ayudar a otros," añadió José. Al poco tiempo la familia de José se fue a vivir a Egipto. Tenían toda la comida que necesitaban. José sabía que la manera que Dios quiere que le sirvamos es ayudando a otros.

Moses Is Born

Bible story from Exodus 2:1-10

One day an Israelite mother gave birth to a baby boy. The mother knew that the king of Egypt, where her family lived, did not like Israelite boys. The mother decided to make a basket-bed for her baby. The basket would be made to float like a boat.

When the basket was ready, the baby's mother and sister, Miriam, took the basket down to the river. They hid the basket in the tall river grass. Miriam stayed to see what would happen. Soon an Egyptian princess and her helpers came to the river. The princess saw the basket. "Bring the basket to me," she said to one of her helpers.

The princess opened the basket. She saw the baby. He was crying. Then Miriam went to the princess and asked, "Do you want me to find someone who can care for the baby?"

"Yes," answered the princess. Miriam ran and brought back her own mother to care for the baby! When the baby had grown big enough to live at the palace, his mother took him to the princess. "I will name this baby Moses," the princess said. God cared for baby Moses, and God cares for us.

Nace Moisés

Historia bíblica tomada de Éxodo 2:1-10

Un día una mamá israelita dio a luz a un varoncito. La mamá sabía que al rey de Egipto, donde vivía la familia, no le gustaban los niños israelitas. La mamá decidió hacer una canasta para usarla como cama para su bebé. La canasta estaba hecha para que flotara como un bote.

Cuando la canasta estuvo lista, la mamá y la hermana del bebé, Miriam, llevaron la canasta al río. Escondieron la canasta en el alto pasto del río. Miriam se quedó para ver qué iba a pasar. Al poco rato una princesa egipcia y sus ayudantes se metieron en el río. La princesa vio la canasta. "Tráiganme la canasta", le dijo a una de sus ayudantes.

La princesa abrió la canasta. Vio un bebé. Él estaba llorando. Entonces Miriam fue a donde la princesa y le preguntó: "¿Necesita que le encuentre a alguien que le cuide al bebé?"

"Sí", contestó la princesa. ¡Miriam corrió y trajo a su propia mamá para que cuidara del bebé! Cuando el bebé creció lo suficientemente grande como para vivir en el palacio, su mamá se lo llevó a la princesa. "Lo llamaré Moisés", dijo la princesa. Dios cuidó del bebé Moisés, así como también cuida de nosotros.

God Provides for His People

Bible story from Exodus 16:1-8, 13-17, 31, 35; 17:1-6

The people of Israel had crossed safely to the other side of the Red Sea. They thanked God for helping them. Then they began to travel through a desert area. Soon the people began to complain. They were hungry. The food they had brought with them was gone. They grumbled to Moses and his brother Aaron.

What did God do? He helped the people! In the evening, God sent birds to the camp. This was their meat. In the morning, the people saw small pieces of food on the ground. The food tasted like thin crackers made with honey. The people went out every morning and gathered just enough food to eat that day.

Later, the people complained again. This time they were thirsty. The desert was hot and they had no water. They told Moses that he should give them water to drink.

What did God do? He helped the people! God told Moses to hit a certain rock with his walking stick. When Moses hit the rock, a stream of water came from the rock. Now the people had plenty of water to drink. God gave the people of Israel what they needed. God gives us what we need too.

Dios provee para su pueblo

Historia bíblica tomada de Éxodo 16:1-8, 13-17, 31, 35; 17:1-6

El pueblo de Israel cruzó sin inconvenientes al otro lado del Mar Rojo. Le dieron gracias Dios por haberlos ayudado. Empezaron a viajar por un desierto. Al poco tiempo el pueblo comenzó a quejarse. Tenían hambre. La comida que habían llevado se les había acabado. Se quejaron con Moisés y su hermano Aarón.

¿Qué hizo Dios? ¡Él ayudó a su pueblo! En la noche, Dios envió pájaros al campamento. Esta era la carne para que comieran. En la mañana, el pueblo vio pequeños pedazos de comida en el suelo. Esa comida sabía a galletas finas hechas con miel. El pueblo salía cada mañana y juntaba suficiente comida para comer cada día.

Más tarde, el pueblo se quejó de nuevo. Esta vez tenían sed. El desierto estaba caliente y no tenían agua. Le dijeron a Moisés que debía darles agua para tomar.

¿Qué hizo Dios? ¡Él ayudó a su pueblo! Dios le dijo a Moisés que le diera a una roca con su vara. Cuando Moisés le dio a la roca, brotó agua de la roca. Ahora el pueblo tenía agua suficiente para tomar. Dios le dio al pueblo de Israel lo que necesitaba. A nosotros también Dios nos da lo que necesitamos.

God Gives Ten Rules

Bible story from Exodus 19:1-9; 20:1-18; 24:12, 15-18; 32:15, 16

The people of Israel had left Egypt. After three months, they came to a mountain called Mount Sinai. Moses was leading the people. Moses told the people that God would care for them, but they would need to obey God.

God was ready to give His people some special rules. Moses climbed the mountain. The mountain was covered with a cloud. The top of the mountain looked like a burning fire. The people knew God was on the mountain. God told Moses what the people were to do to obey Him. Moses was to teach the people God's rules.

Moses went down the mountain and told the people everything God had said. God's special rules said the people were not to worship other gods. They were to use God's name carefully. The people were to love their parents. They were not to steal from other people or kill people. They were not to tell lies or want things that belonged to other people.

Later, Moses went up on the mountain again. This time God wrote His ten rules on two flat stones. Now the people could read and remember God's rules forever. God gives us good rules to obey.

Dios da diez reglas

Historia bíblica tomada de Éxodo 19:1-9; 20:1-18; 24:12, 15-18; 32:15, 16

El pueblo de Israel se había ido de Egipto. Pasaron tres meses y llegaron a un montaña llamada el monte Sinaí. Moisés estaba guiando a la gente. Moisés le dijo al pueblo que Dios cuidaría de ellos, pero que necesitaban obedecer a Dios.

Dios estaba listo para darle a su pueblo unas instrucciones especiales. Moisés subió al monte. El monte estaba cubierto por una nube. El tope del monte lucía como un fuego ardiente. El pueblo sabía que Dios estaba en el monte. Dios le dijo a Moisés lo que el pueblo tenía que hacer para obedecerlo. Moisés le tenía que enseñar al pueblo las reglas de Dios.

Moisés bajó la montaña y le dijo al pueblo todo lo que Dios le había dicho. Las reglas especiales de Dios decían que no podían adorar otros dioses. Tenían que pronunciar el nombre de Dios con cuidado. Tenían que amar a sus padres. No podían robar ni matar personas. No podían decir mentiras ni desear cosas que le pertenecen a otros.

Más tarde Moisés subió a la montaña de nuevo. Esta vez Dios escribió sus diez reglas en dos tablas de piedras planas. Ahora el pueblo podía leer y recordar la reglas de Dios para siempre. Dios nos da buenas reglas para que las obedezcamos.

The Fall of Jericho

Bible story from Joshua 6:1-16, 20

God helped the people of Israel cross the Jordan River. Now they were in the land God had promised them. When the people came near the city of Jericho, God spoke to Joshua. God told Joshua that the people of Israel were going to win a battle against the king and the fighting men of Jericho.

God gave exact directions to Joshua. God said the Israelite soldiers were to march around the city every day for six days. Seven priests blowing trumpets were to march behind the soldiers. Next were to be men carrying the special box of God. Other soldiers walked behind the box of God. They were quiet and did not talk.

One, two, three, four, five, six. For six days they marched around the city. Each night they went back to their camp. On the seventh day, everyone got up early. On this day they were to march around the city seven times. On the seventh time around, the priests blew their trumpets and all the people shouted.

Suddenly the walls around the city fell down. The people of Israel had obeyed God, and God helped them take the city of Jericho.

La caída de Jericó

Historia bíblica tomada de Josué 6:1-16, 20

Dios ayudó al pueblo de Israel a cruzar el río Jordán. Ahora estaban en la tierra que Dios les había prometido. Cuando el pueblo se acercó a la ciudad de Jericó, Dios le habló a Josué. Dios le dijo a Josué que el pueblo de Israel iba a ganar una batalla contra el rey y los guerreros de Jericó.

Dios le dio a Josué instrucciones exactas. Dios le dijo que los soldados Israelitas tenían que marchar alrededor de la ciudad todos los días por seis días. Siete sacerdotes tocando trompetas tenían que ir detrás de los soldados. Junto a ellos iban unos hombres cargando la caja especial de Dios. Otros soldados iban a caminar detrás de la caja de Dios. Tenían que ir callados sin hablar.

Uno, dos, tres, cuatro, cinco, seis. Por seis días marcharon alrededor de la ciudad. Cada noche iban de regreso al campamento. En el séptimo día, todos se levantaron temprano. Ese día tenían que marchar alrededor de la ciudad siete veces. En la séptima ocasión, los sacerdotes tocaron sus trompetas y todo el pueblo gritó.

De repente los muros alrededor de la ciudad se cayeron. El pueblo de Israel había obedecido a Dios, y Dios los ayudó a tomar la ciudad de Jericó.

Gideon Leads God's Army

Bible story from Judges 6:34, 35; 7:2-21

The people of Israel had forgotten to obey God. Now the people of Midian were ruling over the Israelites. The people of Israel prayed to God. They asked God to help them.

God called a man named Gideon to help the people of Israel. Gideon blew a trumpet. He sent messengers to gather men from the tribes of Israel. Thirty-two thousand men came! God said, "This is too many men. If anyone is afraid to fight the Midianites, he may go home." Twenty-two thousand men left.

Then God said, "You still have too many men. Give the men a test." After the test, only 300 men were left. God said, "I will use these 300 men to save my people." Gideon gave each man a trumpet. He gave each man a burning torch inside an empty jar. During the night, the men surrounded the camp of the Midianites.

When Gideon blew his trumpet, all the men of Israel blew their trumpets. They smashed their jars and held up the torches. They shouted, "A sword for the Lord and for Gideon!" The loud noise and bright lights frightened the Midianites. They were so afraid that they fought each other and ran away. Gideon had helped the people obey God.

Gedeón dirige el ejército de Dios

Historia bíblica tomada de Jueces 6:34, 35; 7:2-21

El pueblo de Israel se había olvidado de obedecer a Dios. Ahora el pueblo de Madián era el que gobernaba al pueblo de Israel. El pueblo de Israel le oró a Dios. Le pidieron a Dios que los ayudara.

Dios llamó a un hombre llamado Gedeón para que ayudara al pueblo de Israel. Gedeón tocó una trompeta. Envió mensajeros para que reunieran a todas las tribus de Israel. ¡Vinieron treinta y dos mil hombres! Dios dijo: "Hay muchos hombres. Si alguno teme pelear contra los madianitas, que se vuelva y se retire a su casa." Así es que se regresaron veintidós mil hombres.

Entonces Dios dijo: "Todavía hay muchos hombres. Hazles una prueba". Después de la prueba, sólo se quedaron 300 hombres. Dios dijo: "Usaré a estos 300 hombres para salvar a mi pueblo". Gedeón le dio a cada hombre una trompeta. Le dio una antorcha dentro de un cántaro vacío a cada hombre. Durante la noche los hombres rodearon el campamento de los madianitas.

Cuando Gedeón toco la trompeta, todos los hombres de Israel tocaron sus trompetas. Rompieron los cántaros y alzaron sus antorchas. Gritaron: "¡Desenvainen sus espadas, por el Señor y por Gedeón!". El fuerte ruido y las brillantes luces asustaron a los madianitas. Se asustaron tanto que pelearon entre sí y salieron corriendo. Gedeón ayudó al pueblo a obedecer a Dios.

Ruth Makes Good Choices

Bible story from Ruth 1:6-10, 14-18, 22; 2:1-22

Naomi and her family had moved to Moab. Now Naomi's husband had died. Her two sons had died. The only people left in Naomi's family were her sons' wives, Orpah and Ruth.

Naomi wanted to move back to her hometown of Bethlehem. She called Orpah and Ruth to tell them good-bye. Orpah and Ruth loved Naomi. They did not want to tell Naomi good-bye. Finally Orpah said good-bye. What did Ruth choose to do? Ruth said, "Naomi, I will go with you. I will live where you live. I will love God as you love Him."

In Bethlehem, Naomi and Ruth needed food. What did Ruth choose to do? Ruth followed some workers in a field and gathered leftover grain. She would use the grain to make bread for Naomi and herself.

A man named Boaz owned the field where Ruth was working. Boaz told Ruth to eat with his workers. What did Ruth choose to do? She ate until she was full and then she went back to work. In the evening, Ruth took the grain she had gathered and went home. What did Ruth choose to do? She took the grain and the food left over from her lunch, and she shared it with Naomi. God helped Ruth make good choices.

Rut toma buenas decisiones

Historia bíblica tomada de Rut 1:6-10, 14-18, 22; 2:1-22

Noemí y su familia se habían mudado a Moab. Ahora el esposo de Noemí había muerto. Sus dos hijos también habían muerto. Las únicas que quedaban en la familia de Noemí eran las esposas de sus hijos, Orfa y Rut.

Noemí quería regresar a su pueblo natal, Belén. Ella llamó a Orfa y a Rut para despedirse. Orfa y Rut amaban a Noemí. Ellas no querían despedirse de Noemí. Finalmente Orfa se despidió. ¿Qué escogió hacer Rut? Rut dijo: "Noemí, iré contigo. Viviré donde vivas. Amaré a Dios como lo amas tú".

Una vez en Belén, Noemí y Rut necesitaban comida. ¿Qué escogió hacer Rut? Rut siguió a unos trabajadores que iban al campo y recogió los granos que sobraban. Ella usaba los granos para hacer pan para ella y Noemí.

Un hombre llamado Booz era el dueño del campo donde Rut estaba trabajando. Booz le dijo a Rut que comiera con sus trabajadores. ¿Qué escogió hacer Rut? Ella comía hasta que se llenaba y regresaba a trabajar. En las tardes Rut tomaba los granos que recogía y regresaba a su casa. ¿Qué escogió hacer Rut? Ella tomó los granos y la comida que sobraba de su almuerzo y la compartía con Noemí. Dios ayudó a Rut a tomar buenas decisiones.

David Meets Goliath

Bible story from 1 Samuel 17:1-24, 31-50

David was watching his father's sheep. David's brothers were in the king's army. "David," said his father, "take this grain, bread, and cheese to your brothers." So David took the food and went to the king's army camp.

The king's army was fighting an enemy. One of the enemy soldiers was named Goliath. Goliath was very tall and strong. Goliath said if anyone could beat him, then King Saul's army would be the winner. No one wanted to fight this big man. "I will go and fight Goliath," said David.

"You are too small," said the king. David told the king how he watched sheep and how sometimes he had to fight lions and bears. "I'll give you my armor," said the king. But it was too big.

David took five stones and his shepherd's sling and started off. Goliath laughed. "Such a little soldier they send," he said.

David said, "This battle is God's. He will win." And He did. When David threw a stone from his sling, it hit Goliath in the forehead. Goliath fell to the ground. God helps us be brave just as David was.

David enfrenta a Goliat

Historia bíblica tomada de 1 Samuel 17:1-24, 31-50

David estaba cuidando las ovejas de su padre. Los hermanos de David estaban en el ejército del rey. "David", dijo su papá, "llévale a tus hermanos este trigo, estos panes, y este queso". Así que David tomó los alimentos y fue al campamento del ejército del rey.

El ejército del rey estaba batallando contra un enemigo. Uno de esos enemigos de los soldados se llamaba Goliat. Goliat era muy alto y fuerte. Goliat decía que si alguien lograba vencerlo, entonces se podía declarar al ejército del rey Saúl como el ganador. Nadie se atrevía a pelear contra este hombre grande. "Yo iré a pelear con Goliat", dijo David.

"Tú eres muy pequeño", le dijo el rey. David le contó al rey cómo cuidaba de las ovejas y cómo en ocasiones tuvo que pelear contra leones y osos. "Te daré mi armadura", le dijo el rey. Pero le quedaba grande.

David tomó cinco rocas y su honda, y comenzó a lanzarla. Goliat se reía. "Enviaron a un soldado tan pequeño", decía.

David dijo: "La batalla es de Dios. Él ganará". Y así fue. Cuando David lanzó la piedra de su honda, le pegó a Goliat en la frente. Goliat se cayó al suelo. Dios nos ayuda a ser valientes tal como lo era David.

David and Jonathan

Bible story from 1 Samuel 18:1-4; 20:1-4, 11-31, 35-42

When David went to live at King Saul's house, he made friends with the king's son Jonathan. David and Jonathan became best friends. Jonathan gave David an expensive robe. He also gave David a tunic with a sword, a bow, and a belt. These gifts showed that Jonathan loved David very much.

One day David told Jonathan that King Saul was mad at David. At first, Jonathan didn't believe David. But Jonathan said he would do anything David wanted him to do.

David and Jonathan thought of a special way for David to know whether or not the king wanted to hurt David. The next day Jonathan went to eat a meal with the king. Soon he found out the king was very angry with David.

Jonathan went to the field where David was hiding. He shot an arrow beyond the place where David was hiding. Then he told his helper to go and get the arrow. He said, "Hurry and go! Don't stop." David knew this meant the king was angry. After Jonathan's helper left, David and Jonathan said good-bye to each other. They promised they would always be friends.

David y Jonatán

Historia bíblica tomada de 1 Samuel 18:1-4; 20:1-4, 11-31, 35-42

Cuando David fue a la casa del rey Saúl, se hizo amigo del hijo del rey, Jonatán. David y Jonatán se hicieron mejores amigos. Jonatán le dio a David una túnica muy costosa. También le dio su espada, su arco y su cinturón. Estos regalos demostraban que Jonatán amaba mucho a David.

Un día David le dijo a Jonatán que el rey Saúl estaba molesto con él. De primera intención Jonatán no le creyó a David. Pero Jonatán dijo que haría cualquier cosa que David quisiera que hiciera.

David y Jonatán se ingeniaron una manera de saber si el rey verdaderamente quería hacerle daño a David. Al otro día Jonatán fue cenar con el rey. Al poco rato se dio cuenta que el rey estaba bien molesto con David.

Jonatán fue al campo donde David se estaba escondiendo. Tiró a una flecha que sobrepasaron el lugar donde David se estaba escondiendo. Entonces le dijo a su criado que fuera a buscar la flecha. Dijo: "¡Date prisa! ¡No te detengas!". David sabía que esto quería decir que el rey estaba furioso. Después que el criado de Jonatán se fue, David y Jonatán se despidieron. Se prometieron que serían amigos para siempre.

Elijah Is Fed by Ravens

Bible story from 1 Kings 17:1-6

Elijah was a prophet of God. He told the people what was going to happen and what God wanted them to do. One day God sent Elijah to see King Ahab. God was not pleased with the king because the king loved a pretend god more than he loved the only true God.

Elijah said, "King Ahab, God wants you to know there will be no rain or morning dew in the land for a few years unless God commands it."

After Elijah left King Ahab, God said, "Go away, Elijah. Hide by the brook east of the Jordan River. You can drink the water from the brook. And I have commanded birds to bring food to you."

Elijah listened and did just as God told him. Elijah went and lived by the brook so no one could find him. Early in the morning and again at suppertime every day, the birds came with bread and meat for Elijah to eat. Every day Elijah drank cold water from the brook. Elijah knew God cared for him.

Elías es alimentado por cuervos

Historia bíblica tomada de 1 Reyes 17:1-6

Elías era un profeta de Dios. Él le decía a la gente lo que iba a pasar y lo que Dios quería que hicieran. Un día Dios mandó a Elías a que fuera a ver al rey Acab. Dios no estaba contento con el rey porque amaba más a un dios falso que al único y verdadero Dios.

Elías le dijo: "Rey Acab, Dios quiere que sepas que no habrá lluvia ni rocío en los próximos años, a menos que Dios lo ordene".

Después que Elías se marchó de la presencia del rey Acab, Dios dijo: "Sal de aquí, Elías. Escóndete en el arroyo al este del río Jordán. Puedes tomar agua del arroyo. Le he ordenado a los cuervos que te den de comer".

Elías prestó atención e hizo lo que Dios le pidió. Elías se fue a vivir cerca del arroyo donde nadie lo podría encontrar. Cada día temprano en la mañana y a la hora de la cena, los cuervos iban a llevarle pan y carne a Elías. Todos los días Elías tomaba agua del arroyo. Elías sabía que Dios cuidaba de él.

Josiah Reads God's Word

Bible story from 2 Kings 22:1-10; 23:1-3, 25

Josiah was a good king in Judah. He was only eight years old when he became king. He tried to do what was right. When Josiah was eighteen, he decided that it was time to fix up the temple. The temple was the place where people went to worship God. It needed to be cleaned, and broken things needed to be fixed.

Josiah talked to one of his assistants named Shaphan. He told Shaphan to use the money the people had given. The money could be used to hire workers for fixing the temple.

While the workers were fixing the temple, someone found a big book. God's teachings were written in the book. The book was given to Shaphan, and Shaphan read the book to the king. King Josiah was sad. He knew the people had not been doing the things God wanted them to do.

Josiah told all the leaders of Judah to meet at the temple. The king stood up and read God's teaching to the people. That day King Josiah and all the people promised to obey the teachings of God. What a good king Josiah was!

Josías lee la Palabra de Dios

Historia bíblica tomada de 2 Reyes 22:1-10; 23:1-3, 25

Josías era un buen rey en Judá. Sólo tenía ocho años cuando se convirtió en rey. Él trató de hacer lo correcto. Cuando Josías tenía dieciocho años, decidió que era tiempo de reparar el templo. El templo era el lugar donde la gente iba a adorar a Dios. Necesitaba ser limpiado, las cosas rotas necesitaban ser reparadas.

Josías habló con uno de sus asistentes llamado Safán. Le dijo a Safán que usara el dinero que la gente había dado. El dinero se podía usar para contratar trabajadores que reconstruyeran el templo.

Mientras los trabajadores estaban reparando el templo, alguien encontró un libro grande. Las enseñanzas de Dios estaban escritas en el libro. El libro se lo dieron a Safán, y Safán se lo leyó al rey. El rey Josías estaba triste. Él sabía que la gente no estaba haciendo las cosas que Dios quería que hicieran.

Josías les pidió a todos los líderes que se reunieran en el templo. El rey se puso de pie y leyó las enseñanzas de Dios al pueblo. Ese día el rey Josías y todo el pueblo prometieron que obedecerían las enseñanzas de Dios. ¡Qué buen rey era Josías!

Nehemiah Rebuilds the Wall

Bible story from Nehemiah 1, 2, 4, 6

Nehemiah worked for the king of Babylon. One day, visitors came from the city of Jerusalem. The visitors told Nehemiah that the wall around Jerusalem had been burned and broken down. Nehemiah was sad about God's city. Nehemiah prayed and asked God what to do. Then Nehemiah asked the king if he could go to Jerusalem and help rebuild the city wall. "Yes," said the king, "you may go."

In Jerusalem, Nehemiah looked at the broken wall. "Let's fix the wall; God will help us," Nehemiah told God's people.

"Let's get started," the people agreed. And they did.

But not everyone liked the idea of a strong new wall to protect the city. Enemies laughed at the workers and made trouble. Nehemiah and the people prayed to God. They set up guards to watch for their enemies. Nehemiah told the people, "Don't be afraid; remember God. He is great." The builders kept working. For fifty-two days they worked. Finally the wall was finished. Everyone knew God had helped His people.

Nehemías reconstruye la muralla

Historia bíblica tomada de Nehemías 1, 2, 4, 6

Nehemías trabajaba para el rey de Babilonia. Un día vinieron unos visitantes de la ciudad de Jerusalén. Los visitantes le dijeron a Nehemías que la muralla alrededor de Jerusalén había sido quemada y derrumbada. Nehemías estaba muy triste por lo que le había sucedido a la ciudad de Dios. Nehemías oró y le preguntó a Dios qué debía hacer. Entonces Nehemías le preguntó al rey si podía ir a Jerusalén a ayudar a reconstruir la muralla de la ciudad. "Sí", le dijo el rey, "puedes ir".

Cuando llegó a Jerusalén, Nehemías miró la derrumbada muralla. "Arreglemos la muralla, Dios nos ayudará", le dijo Nehemías al pueblo de Dios.

"Empecemos", contestó el pueblo de Dios de acuerdo. Así hicieron.

Sin embargo, no a todos les gustaba la idea de tener una nueva muralla fuerte que protegiera la ciudad. Los enemigos se reían de los trabajadores y ocasionaban problemas. Nehemías y el pueblo oraron a Dios. Colocaron guardias para que velaran a los enemigos. Nehemías le dijo al pueblo: "No tengan miedo, recuerden a Dios. Él es grandioso". Los albañiles siguieron trabajando. Trabajaron por cincuenta y dos días. Finalmente terminaron la muralla. Todos sabían que Dios había ayudado a su pueblo.

Esther Helps God's People

Queen Esther had a secret that even the king did not know. Esther was from a Jewish family. Esther's older cousin, Mordecai, had raised her after her parents died. Haman was one of the king's helpers. He wanted everyone to bow down to him. But Mordecai loved God. Mordecai would not bow down to Haman.

Haman was angry. He talked the king into making a bad law. The law said all Jewish people were to be killed on a certain day. When Mordecai learned about the law, he sent a message to Queen Esther: "You must go and ask the king to save the Jewish people."

Esther sent a message back to Mordecai. "Tell God's people to pray for me. Then I will go see the king." And she did.

The king held out his gold scepter to Esther. Queen Esther was allowed to come and talk to him. At a dinner, Queen Esther told the king that she was a Jew. She asked the king to write a new law. The new law said if anyone tried to hurt the Jewish people, the Jewish people could protect themselves. Now no one even tried to hurt them. God helped Esther be brave. And Esther helped her people be safe.

Ester ayuda al pueblo de Dios

Historia bíblica tomada de Ester 2–5, 7, 8

La reina Ester tenía un secreto que ni tan siquiera el rey sabía. Ester era de ascendencia judía. El primo mayor de Ester, Mardoqueo, la había criado después que los padres de ella murieron. Amán era uno de los ayudantes del rey. Él quería que todos se arrodillaran delante de él. Sin embargo, Mardoqueo amaba a Dios. Mardoqueo no se iba a arrodillar delante de Amán.

Amán estaba enojado. Habló con el rey para que creara una malvada ley. La ley decía que todo el pueblo judío debía ser asesinado en un día determinado. Cuando Mardoqueo se enteró de la ley, le mandó un mensaje a la reina Ester: "Debes ir y pedirle al rey que salve al pueblo judío".

Ester le mandó un mensaje devuelta a Mardoqueo. "Pídele al pueblo de Dios que ore por mí. Luego iré a ver al rey." Así hizo ella.

El rey le extendió su cetro de oro a Ester. A la reina Ester le permitieron ir a hablar con el rey. Durante la cena la reina Ester le dijo al rey que ella era judía. Ella le pidió al rey que escribiera una nueva ley. La nueva ley decía que si alguien trataba de herir al pueblo judío, el pueblo judío podía protegerse. Ahora nadie iba a tratar de hacerles daño. Dios ayudó a Ester a ser valiente. Ester por su parte ayudó a mantener seguro a su pueblo.

Daniel and His Friends Obey God

Bible story from Daniel 1:1-16, 19

Daniel and three of his friends were among a group of young men taken from Jerusalem to the land of Babylon. The king of Babylon wanted these young men to be trained to work in his palace. He told his chief officer to give the young men fancy food to eat and wine to drink.

Daniel did not want to eat the king's food. He did not want to drink the king's wine. Daniel knew this was not the kind of food that was pleasing to God. Daniel wanted to obey God. Daniel asked if he and his three friends could be excused from eating the king's food.

Daniel wanted to eat only vegetables and drink only water.

The chief officer said Daniel and his friends could do this for ten days. Then he would see if they were still healthy. At the end of the ten days, Daniel and his three friends were healthier than the other young men!

Finally, the king sent for all the young men. The king looked at all the young men. He talked to all the young men. Daniel and his friends were the very best men in the group. They had obeyed God and God had helped them.

Daniel y sus amigos obedecen a Dios

Historia bíblica tomada de Daniel 1:1-16, 19

Daniel y tres de sus amigos formaban parte de un grupo de jóvenes que habían sido llevados de Jerusalén a la tierra de Babilonia. El rey de Babilonia quería que estos jóvenes fueran adiestrados en su palacio. Le dijo al jefe de los oficiales que les diera a los jóvenes comida fina para comer y vino para tomar.

Daniel no quería comer la comida del rey. Él no quería tomar el vino del rey. Daniel sabía que esta no era la clase de comida que complacía a Dios. Daniel quería obedecer a Dios. Daniel preguntó si él y sus tres amigos podían ser excusados de tener que comer la comida del rey. Daniel sólo quería comer vegetales y tomar agua.

El jefe de los oficiales del rey les dijo a Daniel y a sus amigos que podían hacer esto por diez días. Al cabo de ese tiempo él vería si todavía estaban saludables. ¡Cuando pasaron los diez días, Daniel y sus tres amigos estaban más saludables que los otros jóvenes!

Finalmente el rey mandó a buscar a todos los jóvenes. El rey miró a todos los jóvenes. Él le habló todos los jóvenes. Daniel y sus amigos eran los mejores en el grupo. Habían obedecido a Dios y Dios los había ayudado.

Jesus Is Born

The Bible tells us that Mary was happy. God had promised that she would give birth to a very special baby. Mary and her husband Joseph lived in a town called Nazareth. At this time everyone had to go to the town where their families had come from. They were to be counted so that they could pay taxes.

Joseph and Mary went to a town named Bethlehem. They had to walk for several days to get to the town. Many other people had come to Bethlehem too. The town had an inn, like a hotel, where travelers could stay. But the town was so crowded that there were no rooms left at the inn for Joseph and Mary.

Soon it was time for Mary's baby to be born. Mary wrapped her new baby with warm cloths. Then she laid the baby in a box where animals are fed.

Mary named her special baby Jesus. Mary was happy her baby had been born. Even before Jesus was born, Mary sang a song. Mary was happy to be the mother of this very special baby.

Nacimiento de Jesús

Historia bíblica tomada de Lucas 1:46, 47; 2:1-7

La Biblia nos dice que María estaba contenta. Dios le había prometido que iba a dar a luz a un bebé especial. María y su esposo José vivían en un pueblo que se llamaba Nazaret. Para ese tiempo todo el mundo tenía que regresar a sus pueblos de origen, a donde sus familiares habían nacido. Iban a ser contados para que pudieran pagar impuestos.

José y María fueron a un pueblo llamado Belén. Tuvieron que caminar por varios días para llegar. Muchas otras personas también tuvieron que ir a Belén. Ese pueblo tenía un hostal, como un hotel, donde los viajeros se podían quedar. Pero como el pueblo estaba tan lleno, no tenían habitaciones disponibles en el hostal para María y José.

Al poco tiempo llegó el momento del nacimiento del bebé. María envolvió a su recién nacido con un pañal. Luego lo colocó en una caja, de las que usan los animales para alimentarse.

María llamó a su bebé especial Jesús. María estaba contenta de que su bebé había nacido. Incluso antes de que Jesús nació, María elogió a dios. María estaba feliz de ser la mamá de este bebé especial.

Jesus Heals a Man Who Could Not Walk

One day Jesus was in the town of Capernaum. So many people came to hear Him teach that they would not all fit in the house. People were even standing outside the door.

"Look at all the people," said four men who were carrying a man who couldn't walk. "What should we do? We can't get in the house. How will we get our friend to Jesus?" Then the men had an idea. They climbed the steps that went up to the flat-house roof. They chipped a hole in the clay roof tiles. Soon the hole was big enough for them to lower their friend on his mat into the room.

Jesus saw the men. He knew they wanted His help. Jesus talked to the man. Then Jesus told the man, "Stand up. Take your mat and go home."

And that's just what the man did! The man got up, rolled up his mat, and walked out the door. "We have never seen anything like this!" everyone said. The people knew that Jesus can always help us.

Jesús sana a un hombre que no podía caminar

Historia bíblica tomada de Marcos 2:1-12; Lucas 5:17-26

Un día Jesús estaba en el pueblo de Capernaúm. Fueron tantas personas a escucharlo enseñar que no cabían en la casa. Había personas hasta paradas afuera de la puerta.

"Miren a todas las personas", dijeron cuatro hombres que cargaban a un hombre que no podía caminar. "¿Qué debemos hacer? No podemos entrar a la casa. ¿Cómo llevaremos a nuestro amigo ante Jesús?" Entonces los hombres tuvieron una idea. Se treparon por los escalones que conducían al techo plano de la casa. Empezaron a hacer un roto por el techo de tejas de arcilla. Al poco rato la abertura quedó lo suficientemente grande como para poder bajar al amigo en su camilla de alfombra.

Jesús vio al hombre. Él sabía que deseaban su ayuda. Jesús habló con el hombre. Entonces Jesús le dijo, "Párate. Toma tu camilla y vete a casa".

¡Eso fue justo lo que hizo el hombre! El hombre se paró, enrolló su camilla hecha de alfombra y salió por la puerta. "¡Nunca hemos visto algo como esto!", dijeron todos. La gente supo que Jesús siempre nos puede ayudar.

Jesus Stops a Storm

Bible story from Mark 4:35-41

Jesus had had a busy day. Many people had come to see Jesus. Jesus had taught the people with stories so they could understand what He was saying. That evening, Jesus said to His special helpers, "Let's go across the lake in a boat." Jesus' helpers got into the boat Jesus was sitting in. They started across the Sea of Galilee. Jesus went to the back of the boat. He laid His head on a pillow and went to sleep.

As they were crossing the lake, strong winds began to blow. Waves began coming over the sides of the boat. The boat was almost full of water. Jesus' followers were afraid! They thought they were going to drown!

Jesus' followers woke Jesus. They said, "Teacher, do you care about us? We are about to drown!" Jesus stood up. Jesus spoke to the wind. He told the wind to be quiet. Jesus spoke to the waves. He told the waves to be still. The wind stopped blowing. The lake waters became calm.

Jesus' followers knew this was a miracle. They knew Jesus is powerful. They said, "Even the wind and the waves obey Jesus!"

Jesús detiene la tormenta

Historia bíblica tomada de Marcos 4:35-41

Jesús tuvo un día muy ocupado. Muchas personas fueron a ver a Jesús. Jesús le había enseñado a la gente con historias para que pudieran entender lo que les estaba diciendo. Esa tarde Jesús les dijo a sus discípulos: "Crucemos el lago en una barca". Los discípulos de Jesús se montaron en la barca en que Jesús estaba sentado. Comenzaron a cruzar el mar de Galilea. Jesús se sentó en la parte de atrás de la barca. Puso su cabeza en una almohada y se durmió.

Mientras cruzaban el lago, un fuerte viento comenzó a soplar. Las olas comenzaron a azotar la barca. La barca estaba casi llena de agua. ¡Los discípulos de Jesús estaban asustados! ¡Pensaron que iban a ahogarse!

Los discípulos levantaron a Jesús. Le dijeron: "Maestro, ¿no te importamos? ¡Estamos a punto de ahogarnos!". Jesús se puso de pie. Jesús le habló al viento. Le dijo al viento que se calmara. Jesús le habló a las olas. Les dijo que se quedaran quietas. El viento dejó de soplar. Las aguas del lago se calmaron.

Los discípulos de Jesús supieron que esto era un milagro. Supieron que Jesús es poderoso. Dijeron: "¡Hasta el viento y las olas obedecen a Jesús!".

Jesus Feeds a Crowd

One day Jesus and His special helpers took a boat across the Sea of Galilee. When they got to the other side of the lake, they climbed a hill and sat down. Soon they saw a large group of people coming toward them.

Jesus asked Philip, "Where can we buy bread for all these people to eat?" But Philip did not know. He said they would have to work a whole month to buy bread for so many people.

Then Andrew brought a boy to Jesus. The boy had five loaves of bread and two small fish. But this food was only enough lunch for the boy. Jesus told His helpers to have the people sit down on the grassy hillside. Jesus thanked God for the boy's bread. He thanked God for the fish. Then Jesus started giving bread and fish to the people. All the people could eat as much food as they wanted.

When everyone was full, Jesus told His helpers to pick up any leftover food. The helpers filled twelve baskets with pieces of leftover bread. Jesus had power to help the people. And He has power to give us what we need.

Jesús alimenta a una multitud

Un día Jesús y sus discípulos especiales se montaron en una barca para cruzar el mar de Galilea. Cuando llegaron al otro lado del lago, subieron una colina y se sentaron. Al poco rato había una gran multitud que venía hacia ellos.

Jesús le preguntó a Felipe: "¿Dónde podemos comprar pan para que coma esta gente?". Pero Felipe no sabía. Dijo que tendrían que trabajar por todo un mes para poder comprar pan para tanta gente.

Entonces Andrés llevó un niño a donde Jesús. El niño tenía cinco panes y dos pequeños pescados. Esa comida era almuerzo suficiente para el niño solamente. Jesús les dijo a sus discípulos que hicieran que la gente se sentara en la ladera donde había hierba. Jesús le dio gracias a Dios por el pan que tenía el niño. Le dio gracias a Dios por los pescados. Entonces Jesús comenzó a darle panes y pescados a la gente. Todos podían comer cuanto quisieran.

Cuando todos se llenaron, Jesús les dijo a sus discípulos que recogieran lo que había sobrado. Los discípulos llenaron doce canastas con los panes que sobraron. Jesús tenía el poder para ayudar a la gente. Y tiene el poder para darnos lo que necesitamos.

Jesus Teaches About Helping

Jesus taught that we should treat other people as we want to be treated. One day Jesus told a story about a man who was traveling down a road when some robbers grabbed him and stole what he had. The robbers beat the man and left him lying on the road to die.

Two men who worked at the temple-church came down the road and saw the hurt man. Did they stop to help the hurt man? No. They both walked by on the other side of the road. Then a man from the country of Samaria came down the road. This man was a stranger, but he did not walk on by. Instead, he stopped and put bandages on the hurt man. He lifted the hurt man onto his own donkey and took the man to an inn where they could stay for the night.

The next day, the man from Samaria gave the innkeeper money to help take care of the hurt man. He told the innkeeper if it was not enough money, he would give the innkeeper more when he came by again.

Who obeyed Jesus' teaching that we should treat other people as we want to be treated? Yes, the man from Samaria!

Jesús enseña sobre ayudar

Historia bíblica tomada de Mateo 7:12; Lucas 10:25-37

Jesús enseña que debemos tratar a otras personas tal como deseamos ser tratados. Un día Jesús contó una historia sobre un hombre que viajaba por un camino, cuando unos ladrones lo agarraron y le quitaron lo que tenía. Los ladrones golpearon al hombre y lo dejaron medio muerto en medio del camino.

Dos hombres que trabajaban en el templo/iglesia pasaron por el camino y vieron al hombre herido. ¿Se detuvieron para ayudar al hombre herido? No. Ambos se desviaron y siguieron de largo por el otro lado del camino. Entonces un hombre del país de Samaria pasó por el camino. Este hombre era un extraño, sin embargo no se desvió. Al contrario, se detuvo y le puso vendajes al hombre herido. Levantó al hombre herido, lo puso en su asno y lo llevó a un alojamiento donde se pudiera quedar la noche.

Al día siguiente, el hombre de Samaria le dio dinero al dueño del alojamiento para que lo ayudara a cuidar del hombre herido. Le dijo al dueño del alojamiento que si ese no era suficiente dinero, le daría más cuando él regresara.

¿Quién obedeció la enseñanza de Jesús de tratar a otros como nos gustaría que nos trataran? ¡Sí, el hombre de Samaria!

Jesus and the Children

Jesus is the Son of God. He did many wonderful things while He was on earth. He made sick people well. He taught people how they should live. Large crowds of people came to see Jesus.

One day some parents brought their little children to Jesus. They wanted Jesus to lay His hands on the little children. They wanted Jesus to bless the little children. Some of Jesus' followers thought He was too busy. They may have thought He had more important work to do. They told the parents to quit bothering Jesus. But Jesus was not happy about that.

Jesus said, "Let the little children come to me. Don't stop them." Jesus said that older people should be more like little children who are eager to love God.

Then Jesus took the little children in His big, loving arms. Jesus put His hands on them. Jesus blessed the children. Jesus showed His love to the children. Jesus loves all children. He wants us to show love to others too.

Jesús y los niños

Historia bíblica tomada de Marcos 10:13-16

Jesús es el hijo de Dios. Él hizo muchas cosas maravillosas cuando estuvo en la tierra. Sanó a las personas enfermas. Le enseñó a la gente cómo se debía vivir. Grandes multitudes de gente iban a ver a Jesús.

Un día unos padres llevaron a sus niños a conocer a Jesús. Deseaban que Jesús les pusiera sus manos. Querían que Jesús los bendijera. Algunos de los seguidores de Jesús pensaban que él estaba muy ocupado. Quizás pensaron que tenía cosas más importantes que hacer. Le dijeron a los padres que no molestaran a Jesús. Pero a Jesús no le gustó eso.

Jesús dijo: "Dejen que los niños vengan a mí, y no se los impidan". Jesús dijo que los adultos deberían ser más como los niños quienes tienen un corazón deseoso de amar a Dios.

Después Jesús le dio amorosos abrazos a los niños. También los bendijo poniendo las manos sobre ellos. Jesús le demostró su amor a los niños. Jesús ama a todos los niños. Él desea que nos amemos unos a otros también.

Jesus and Zacchaeus

Bible story from Luke 19:1-10

The people of Jericho were excited. Jesus was coming to their town. The people knew Jesus was a special teacher. Jesus could heal sick people. Jesus could even bring dead people back to life!

A man named Zacchaeus lived in Jericho. Zacchaeus had a lot of money. He was a tax collector. Zacchaeus wanted to see Jesus too. But Zacchaeus had a problem. He was short. There was a big crowd, and Zacchaeus was too short to see above the other people's heads. Zacchaeus really wanted to see Jesus. So Zacchaeus climbed up into a sycamore tree.

As Jesus passed by the tree, He looked right up at Zacchaeus. Jesus knew Zacchaeus's name! Jesus called out, "Zacchaeus, hurry and come down! I am going to your house today!"

Zacchaeus hurried down the tree and took Jesus to his house. Zacchaeus told Jesus he would make some changes in his life. He promised to give half of his money to the poor. He would repay anyone he had cheated. Jesus was glad Zacchaeus believed in Him. Jesus had shown love to Zacchaeus. We can show love to others too.

Jesús y Zaqueo

Historia bíblica tomada de Lucas 19:1-10

El pueblo de Jericó estaba contento. Jesús iba de camino al pueblo. El pueblo sabía que Jesús era un maestro especial. Jesús podía sanar a los enfermos. ¡Jesús hasta podía resucitar a los muertos!

Un hombre llamado Zaqueo vivía en Jericó. Zaqueo era muy rico. Era un recaudador de impuestos. Zaqueo quería ver a Jesús también. Pero Zaqueo tenía un problema. Él era de baja estatura. Había una gran multitud y como Zaqueo era bajito no podía ver. Zaqueo tenía muchos deseos de ver a Jesús. Así que Zaqueo se trepó en un árbol sicomoro.

Jesús pasó por el árbol, miró hacia arriba y vio a Zaqueo. ¡Jesús se sabía el nombre de Zaqueo! Jesús le dijo: "¡Zaqueo, baja enseguida! ¡Tengo que quedarme hoy en tu casa!".

Zaqueo se apresuró a bajarse del árbol y llevó a Jesús a su casa. Zaqueo le dijo a Jesús que haría ciertos cambios en su vida. Le prometió que le daría la mitad de su dinero a los pobres. También que devolvería lo que había tomado y no le pertenecía. A Jesús le alegró que Zaqueo creyó en Él. Jesús le demostró a Zaqueo que lo amaba. Nosotros podemos demostrarle amor a otros también.

Jesus Is Alive!

Bible story from Matthew 28:1-10

The sun was just coming up. Mary Magdalene and another woman named Mary were going to the tomb where Jesus' body had been placed after Jesus died on the cross. The women were going to take care of Jesus' body. Suddenly the earth began to shake. An angel came down from Heaven and rolled away the big stone door of the tomb. The guards who had been watching the tomb were afraid. They could not move or talk.

When the two women saw the angel, they were afraid too. "Do not be afraid," said the angel to the women. "You are looking for Jesus, but He is not here. Jesus is alive—just as He said He would be. You will see Jesus soon."

The women hurried from the tomb. They were still afraid, but they were happy too. They ran to tell Jesus' helpers what the angel had said. Suddenly the women saw Jesus. "Hello," Jesus said. The women were excited to see Jesus. They hugged Jesus' feet. Jesus said, "Go and tell my helpers to go to Galilee. They will see me there."

And that's just what the women did. They said, "Jesus is alive!"

¡Jesús vive!

Historia bíblica tomada de Mateo 28:1-10

El sol estaba saliendo. María Magdalena y otra mujer llamada María iban al sepulcro donde habían puesto el cuerpo de Jesús después de haber sido crucificado. Las mujeres iban a cuidar del cuerpo de Jesús. De repente la tierra comenzó a temblar. Un ángel bajó del cielo y movió la gran piedra en la entrada del sepulcro. Los guardias que habían estado velando el sepulcro, se asustaron. No pudieron hablar ni moverse.

Cuando las dos mujeres vieron al ángel, también sintieron miedo. "No tengan miedo", les dijo el ángel a las mujeres. "Sé que ustedes buscan a Jesús. No está aquí, pues ha resucitado, tal como dijo. Verán a Jesús pronto."

Las mujeres se alejaron a toda prisa del sepulcro. Todavía tenían miedo, pero también estaban contentas. Corrieron para contarles a los discípulos de Jesús lo que el ángel había dicho. De repente las mujeres vieron a Jesús. "Hola", les dijo Jesús. Las mujeres estaban entusiasmadas de ver a Jesús. Abrazaron los pies de Jesús. Jesús les dijo: "Vayan y díganle a mis discípulos que vayan a Galilea. Allí me verán".

Eso fue justo lo que las mujeres hicieron. Dijeron: "¡Jesús vive!".

Peter and John at the Temple

Bible story from Acts 3:1-12, 16

A man who lived in the city of Jerusalem had never been able to walk. Every day someone carried this man to a gate of the temple. The temple was a place like a church building. Every day many people went in and out of the temple as they came to pray. The man who could not walk was not able to work. So he would ask for money from the people who came to the temple.

One day two of Jesus' followers, Peter and John, went to the temple. The man asked them for money. Peter said, "We don't have any money." The man must have been disappointed.

Then Peter said, "I have something else I can give you. By the power of Jesus Christ from Nazareth—stand up and walk!"

What a happy miracle! The man jumped up, stood on his feet, and began to walk. Then he began jumping in happiness and praising God.

Pedro y Juan en el templo

Historia bíblica tomada de Hechos 3:1-12, 16

Un hombre que vivía en la ciudad de Jerusalén nunca había podido caminar. Cada día alguien lo cargaba a la puerta del templo. El templo era un lugar como el edificio de una iglesia. Cada día muchas personas entraban y salían del templo ya que iban a orar. El hombre que no podía caminar, tampoco podía trabajar. De manera que le pedía dinero a la gente que iba al templo.

Un día dos de los seguidores de Jesús, Pedro y Juan, fueron al templo. El hombre les pidió dinero. Pedro le dijo: "No tenemos dinero". Probablemente que el hombre se sintió desilusionado.

Entonces Pedro le dijo: "Tengo otra cosa que darte. Por el poder de Jesucristo de Nazaret, ¡levántate y camina!".

¡Qué milagro tan grandioso! El hombre dio un brinco, se paró en sus propios pies y comenzó a caminar. Entonces empezó a brincar de la alegría y a adorar a Dios.

Philip Tells About Jesus

A man named Philip was a special worker for God. He told people about Jesus. One day an angel of the Lord told Philip to go to a special road. Philip obeyed, but he didn't know why he was to go there.

Then Philip saw a man from the country of Ethiopia riding in a chariot. The man had been to Jerusalem to worship God. He was reading a Bible-scroll, but he did not understand what he was reading. Soon Philip joined the man in the chariot.

Philip helped the man understand the writings in the Bible-scroll. Philip told the good news about Jesus. He probably told the man how important it is to believe in Jesus and be baptized.

When they reached a place where there was water, the chariot stopped. Philip baptized the man in the water. The man was a happy man. He was glad Philip had helped him read the Bible-scroll and learn about Jesus.

Felipe habla de Jesús

Historia bíblica tomada de Hechos 8:26-40

Un hombre llamado Felipe era un siervo especial de Dios. Él le hablaba a la gente de Jesús. Un día un ángel del Señor le dijo a Felipe que se fuera a un camino especial. Felipe lo obedeció, pero no sabía por qué debía ir allí.

Entonces Felipe vio a un hombre del país de Etiopía que venía en un carro. El hombre había estado en Jerusalén adorando a Dios. Estaba leyendo un rollo con escrituras de la Biblia, pero no entendía lo que leía. Al poco rato Felipe se montó con él en el carro.

Felipe ayudó al etíope a entender las escrituras bíblicas. Felipe le habló de las buenas nuevas de Jesús. Él probablemente le dijo al hombre lo importante que es creer en Jesús y ser bautizado.

Cuando llegaron a un lugar donde había agua, detuvieron el carro. Felipe bautizó al hombre en agua. El hombre estaba muy contento. Estaba feliz porque Felipe lo había ayudado a leer el rollo de escrituras bíblicas y le había enseñado sobre Jesús.

Peter and Tabitha

Bible story from Acts 9:36-42

A good woman named Tabitha lived in the town of Joppa. Tabitha was also called Dorcas. She was a follower of Jesus. Tabitha helped other people. She helped women who had no husbands. She helped people who had little money. Tabitha made coats and other clothes to keep these people warm.

One day Tabitha became sick and she died. The followers of Jesus who lived in Joppa sent for Peter. Peter was one of Jesus' special helpers. "Hurry, please come to us!" the people said.

When Peter arrived, he went to the room where they had laid Tabitha's body. The women in the room showed Peter some of the clothes that Tabitha had made for them. The women were crying.

Peter sent everyone out of the room. He knelt down and prayed to God. Then Peter said, "Tabitha, stand up!" Tabitha opened her eyes and sat up. Then she stood up, and Peter called her friends into the room. Tabitha's friends were happy. They told everyone what had happened, and many people believed in Jesus.

Pedro y Tabita

Historia bíblica tomada de Hechos 9:36-42

Una buena mujer llamada Tabita vivió en el pueblo de Jope. A Tabita también se le conocía como Dorcas. Ella era una seguidora de Cristo. Tabita ayudó a otra gente. Ayudó a mujeres que no tenían esposos. Ayudó a gente pobre. Tabita cosió abrigos y otras ropas para que estas personas no pasaran frío.

Un día Tabita se enfermó y murió. Los seguidores de Jesús que vivían en Jope mandaron a buscar a Pedro. Pedro era uno de los ayudantes especiales de Jesús. "¡Por favor, ven rápido a vernos!", dijo la gente.

Cuando Pedro llegó, fue al cuarto donde habían acostado el cuerpo de Tabita. Las mujeres que estaban en la habitación le mostraron a Pedro algunas de las ropas que Tabita había cosido para ellas. Las mujeres estaban llorando.

Pedro le pidió a todos que salieran del cuarto. Se arrodilló y oró a Dios. Entonces Pedro dijo: "¡Tabita, levántate!". Tabita abrió los ojos y se sentó. Luego ella se puso de pie y Pedro le pidió a los amigos que entraran al cuarto. Los amigos de Tabita estaban muy contentos. Le dijeron a todos lo que había sucedido y muchos creyeron en Jesús.

Lydia Follows Jesus

Paul and his friends wanted to tell other people about Jesus. They got on a big boat and sailed to another country to tell the good news. When they got to the city of Philippi, they went into the city. Not many people there had heard about Jesus. What would Paul and his friends do?

On the worship day, Paul and his friends went outside the city gate to a river. They wanted to find a special place of prayer.

Some women had already come to the river. Paul and his friends joined them. Paul talked to the women about Jesus, God's Son. The women listened carefully, especially Lydia, a woman who sold purple cloth to people. Lydia knew about God, but the stories about Jesus and how He loved her were new to her.

As Lydia listened and learned, she wanted to become a follower of Jesus. Soon Lydia and the people who lived at her house were baptized. Lydia invited Paul and his friends to her house. "If I am one of Jesus' followers, come and stay at my house," Lydia said. And Paul and his friends did just that!

Lidia sigue a Jesús

Historia bíblica tomada de Hechos 16:13-15

Pablo y sus amigos querían dar a conocer sobre Jesús. Salieron en un barco grande y viajaron a otro país para contar las buenas nuevas. Cuando llegaron a la ciudad de Filipos, entraron en la ciudad. No mucha gente allí había escuchado hablar sobre Jesús. ¿Qué iban a hacer Pablo y sus amigos?

El día de adorar, Pablo y sus amigos salieron a las afueras de la ciudad donde estaba el río. Querían encontrar un lugar especial para orar.

Ya había un grupo de mujeres en el río. Pablo y sus amigos se unieron a ellas. Pablo les habló a las mujeres acerca de Jesús, el Hijo de Dios. Las mujeres escucharon con atención, especialmente Lidia, una mujer que vendía telas de púrpura. Lidia sabía de Dios, pero las historias sobre Jesús y cuánto la amaba, eran nuevas para ella.

A medida que Lidia iba escuchando y aprendiendo, ella quería convertirse en creyente de Jesús. Al poco rato Lidia y la gente que vivía en su casa fueron bautizadas. Lidia invitó a Pablo y a sus amigos a su casa. "Si ustedes me consideran creyente de Jesús, vengan a hospedarse en mi casa", dijo Lidia. ¡Pablo y sus amigos así hicieron!

The Jailer Follows Jesus

Paul and Silas began to sing and pray. They did not care that it was late at night and dark outside. They did not care that they were in jail. In jail? Yes! Some men in the city did not want Paul and Silas to tell people about God and His Son, Jesus. These men had Paul and Silas arrested and thrown in jail.

Now Paul and Silas were singing. It seemed like a good time to praise God. As they sang, other prisoners listened. Suddenly, the earth began to shake. The doors of the jail flew open. Chains fell off the prisoners. Everyone was free, but no one ran away.

The jail guard, who had been sleeping, awoke. He was sure his prisoners would be gone, but Paul shouted, "We are all here!"

"What must I do to be saved?" the jailer asked. Paul and Silas told the jailer and his family about Jesus. The happy guard washed Paul's and Silas's hurt places. Then the jailer and his family were baptized. The jailer took Paul and Silas to his home. He set out food for everyone to eat. The jailer and his family were happy because now they knew about Jesus.

Un carcelero sigue a Jesús

Historia bíblica tomada de Hechos 16:16-34

Pablo y Silas comenzaron a cantar y orar. No les importaba que fuera tarde en la noche y que estuviera oscuro afuera. No les importaba que estuvieran en la cárcel. ¿En la cárcel? ¡Sí! Algunos hombres en la ciudad no querían que Pablo y Silas les hablaran a otros acerca de Dios y su Hijo, Jesús. Estos hombres arrestaron y encarcelaron a Pablo y Silas.

Ahora Pablo y Silas estaban cantando. Parecía un buen momento para adorar a Dios. Mientras cantaban, otros prisioneros escuchaban. De repente la tierra comenzó a temblar. Las puertas de la cárcel se abrieron de par en par. Las cadenas de los prisioneros se cayeron. Todos estaban libres, pero ninguno escapó.

El carcelero, que había estado durmiendo, se levantó. El estaba seguro que los prisioneros se habían escapado, pero Pablo le gritó: "¡Todos estamos aquí!".

"¿Qué debo hacer para ser salvo?", preguntó el carcelero. Pablo y Silas les hablaron al carcelero y su familia acerca de Jesús. El feliz carcelero limpió las heridas de Pablo y Silas. El carcelero y su familia fueron bautizados. El carcelero llevó a Pablo y Silas a su casa. Sacó comida para que todos comieran. El carcelero y su familia estaban felices porque ahora conocían a Jesús.